思 维 的 盛 宴
青少年最爱玩的500个脑筋急转弯

青少年最爱玩的500个脑筋急转弯
QING SHAO NIAN ZUI AI WAN DE 500 GE NAO JIN JI ZHUAN WAN

思维的盛宴

青少年最爱玩的500个脑筋急转弯

王剑锋 主编

天津出版传媒集团

天津科学技术出版社

图书在版编目（CIP）数据

青少年最爱玩的500个脑筋急转弯 / 王剑锋主编. —天津：
天津科学技术出版社，2012.5（2021.6重印）
（思维的盛宴）
ISBN 978-7-5308-6943-7

Ⅰ.①青… Ⅱ.①王… Ⅲ.①智力游戏—青年读物
②智力游戏—少年读物　Ⅳ.①G898.2
中国版本图书馆CIP数据核字（2012）第085324号

思维的盛宴——青少年最爱玩的500个脑筋急转弯
SIWEI DE SHENGYAN ——QINGSHAONIAN ZUI AI WAN DE 500 GE NAOJIN JIZHUANWAN

责任编辑：杜宇琪

责任印制：刘　彤

出　　版：	天津出版传媒集团
	天津科学技术出版社
地　　址：	天津市西康路35号
邮　　编：	300051
电　　话：	（022）23332399
网　　址：	www.tjkjcbs.com.cn
发　　行：	新华书店经销
印　　刷：	永清县晔盛亚胶印有限公司

开本 690×940　1/16　印张 10　字数 200 000
2021年6月第1版第4次印刷
定价：30.00元

目　录

第一篇　　幽默的趣味题 …………………………………… 1

懂得欣赏幽默的人，
一定如天使般快乐；能够运用幽默的人，
一定是大智慧之生灵。
本章是幽默与智慧结合的产物，
机智的提问、幽默的回答将让你笑破肚皮，
让你的每一个细胞都为之运动，
笑到流眼泪。还犹豫什么？一起来吧！

第二篇　　逻辑思维题 …………………………………… 33

塞车的原因很简单，
那就是车连车、车挤车、
车撞车、车推车……
你能想象出当你玩脑筋急转弯玩得大脑
急塞车是一种什么状况吗？
肯定像被几万只蚂蚁咬住一样，
疼痛不断，又很着急。
想知道用什么办法解决吗？
真笨！用点逻辑思维吧！

第三篇　创意的谜题 ··· 71

创意是生活中不可缺少的元素。
当脑筋急转弯中加入创意的元素后，
你能想象出是一种怎样的局面吗？
如果你不够大胆、
不够有新意，
估计你思考上一天一夜也未必能想出来。
哈哈！试一试吧！

第四篇　应变能力题 ··· 107

这一章是考验你的应变能力的题目，
猜出答案的时间仅相当于眼珠转的一刹那。
如果你想检验自己的应变能力有多快，
那就尽情地玩吧！
如果你觉得一个人玩不够刺激，
那就和你的朋友一起比赛，
比比谁的应变能力强！

第一篇

幽默的趣味题

懂得欣赏幽默的人,
一定如天使般快乐;能够运用幽默的人,
一定是大智慧之生灵。
本章是幽默与智慧结合的产物,
机智的提问、幽默的回答将让你笑破肚皮,
让你的每一个细胞都为之运动,
笑到流眼泪。还犹豫什么?一起来吧!

1. 哪一个字永远写不好?

2. 人们最怕丢的是什么?

3. 万兽大王是谁?

4. 有一只公狗在沙漠中突然死掉了,经过检查发现,它并非死于饥饿和干渴,也不是因为疾病,你猜它为什么会死?

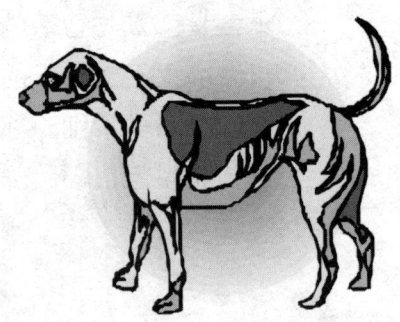

答案

1. "坏"字。
2. 人。
3. 动物园园长。
4. 因为它抬起脚后撒尿时太累。

5. 为什么现在猴子越来越少了?

6. 什么屎不臭?

7. 除了在动物园和非洲,还有什么地方可以看到长颈鹿?

5. 都变成人了。
6. 天屎。
7. 养殖场。

8. 什么人一生下来就称王?

9. 科学家爱因斯坦出生后的第一句话是什么?

10. 一位学生把硬币抛向空中,说:"正面朝上就去看电影,背面朝上就去打台球,如果硬币立起来……"你猜,他说他去干什么?

答案

8. 兽王狮子。
9. "哇!"
10. 学习去。

11. 小花站起来同饭桌一样高,两年之后,反而能在桌子下活动自如,为什么?

12. 喝咖啡要加糖时用哪只手搅匀才卫生?

13. 为什么大雁秋天要飞到南方去?

答案

11. 小花是一条狗。
12. 用汤匙搅拌匀比较卫生。
13. 如果走,就太慢了。

14. 两只老虎打架,为什么不拼到你死我活绝不罢休?

15. 一个人在什么情况下才真正处于任人宰割的地步?

16. 比细菌还小的是什么?

答案

14. 没有人敢劝架。
15. 在手术台上。
16. 细菌的儿子。

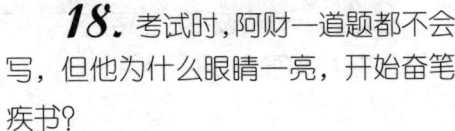

17. 一只蚂蚁从几百万米高的山峰上摔下来,它是怎么死的?

18. 考试时,阿财一道题都不会写,但他为什么眼睛一亮,开始奋笔疾书?

19. 大人上班迟到的原因是塞车,小孩上学迟到的原因是什么?

17. 饿死的。
18. 他在写班级、座号和姓名。
19. 大人睡过头了。

20. 小狗波波不小心吞下了1元钱，主人把它倒过来拍，却吐出10元钱。这时，主人该怎么办呢？

21. 杨婆婆经常把嘴巴张开做痴呆状，家人劝她闭起来，免得苍蝇飞进去，为什么她却坚持不肯？

20. 继续喂它1元钱。
21. 不张开嘴巴的话，电视的遥控飞不出来。

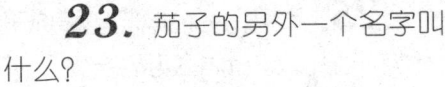

22. 上课偷看《脑筋急转弯》，如果被没收了，谁最高兴？

23. 茄子的另外一个名字叫什么？

24. 老师问张毅："你知道上课睡觉有什么不好吗？"你猜张毅说了什么话让老师非常生气？

22. 老师的孩子。
23. 落苏。
24. 不如床上好睡。

25. 如果有一台电脑能替你干一半的活儿,你将怎么办?

26. 老师说蚯蚓切成两段仍能再生,小东照老师的话去做,为什么蚯蚓却死了?

27. 老师叫小王把"我哥哥去学校"这句话改为将来式,你猜小王是怎样改的?

答案

25. 再买一台。
26. 小东是沿着蚯蚓的脚切开的。
27. 小王改为:"将来我的儿子去学校"。

28. 小东考试得了0分证明了什么?

29. 睡美人最怕的是什么?

30. 什么牛能吃却不能耕地?

31. 什么时候,时代广场的大钟会响十三下?

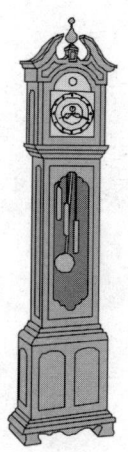

28. 证明小东考试没作弊。 29. 失眠。 30. 蜗牛。 31. 该修理的时候。

32. 一双鞋卖 16 元，一只鞋卖多少钱？

33. 考试时应注意什么？

34. 美国人登陆月球，第一句说的是什么话？

答案

32. 一只鞋不卖。
33. 别受影响。
34. 美国话。

35. 你知道现代的科学家一般都出生在哪里吗?

36. 有什么办法让你闭着眼睛也能看到东西?

37. 小偷最怕哪三个单词?

35. 医院里。
36. 做梦。
37. I SEE YOU.

38. 李明上课打瞌睡，老师问他："岳飞是谁害死的？"你猜李明怎么说？

39. 鸟类的绝症是什么？

40. 一只小猪跑了，主人拿一根棍子赶它，院子特别大，可是小猪却撞死在树上了，为什么？

38. 不是我。　39. 恐高症。　40. 因为小猪不会拐弯

41. 有一头重 50 公斤的小猪,想过一座只能承重 25 公斤重量的独木桥,它不能绕过去,还必须活着过去,请问小猪怎么过去?

42. 新中国成立前,在上海租界的一家餐厅门口竖着一个木牌,上面写着:"中国人和狗不得入内。"这时,一个外国人从餐厅里出来,见到了一个中国人,得意洋洋地说道:"里面真的没有中国人和狗!"这个中国人该怎样反击他呢?

答案

41. 小猪跑着过桥。

42. 这个中国人可以说:"只要我和你一起进去,不就什么都有了吗!"

43. 世界上两眼距离最近的鱼是比目鱼，那什么动物的两眼距离比比目鱼双眼的距离还近呢？

44. 士兵阿雄的祖母坐了一天的车去军营探望他，为什么长官一见到她就气得差点晕倒？

45. 兔子和乌龟比赛，比什么兔子肯定能赢乌龟？

43. 小比目鱼。
44. 阿雄找了关系调走了嘛，还用着祖母来探望。
45. 仰卧起坐。

46. 什么样的门看不见，有人却爱走？

47. 黄豆年轻时叫什么？

48. 麒麟到北极会变成什么？

49. 打什么东西，不必花力气？

46. 后门。
47. 毛豆豆。
48. 冰"麒麟"。
49. 打瞌睡。

50. 一台电器从楼上掉下来会变成什么器?

51. 为什么母鸡的腿比较短?

52. 为什么白鹭总是缩着一只脚睡觉?

答案

50. 凶器。
51. 腿长了,生下的蛋会摔碎。
52. 因为另只脚会摔倒。

53. 在一个夜黑风高的夜晚,小明遇见一个鬼,小明显得很镇定,那个鬼却落荒而逃,为什么?

54. 什么东西使人哭笑不得?

55. 经理不会做饭,可有一道菜他特别拿手,请问是什么?

53. 因为是一个鬼小孩。
54. 口罩。
55. 炒鱿鱼。

56. 为什么金鱼看上去老是傻乎乎的?

57. 黑手党为什么喜欢戴白手套?

58. 为什么胖人比瘦人怕热?

59. 有位老人过生日,有人祝他长命百岁,为什么老人马上把他赶出去了?

56. 因为它脑袋里进水了。 57. 因为怕手太黑。
58. 因为胖人被脂肪包得长长的。 59. 因为那排蜡烛火长着99岁生日。

第一篇 幽默的趣味题

60. 三更半夜回家才发现忘记带钥匙,家里又没有其他人在,这时你最大的愿望是什么?

61. 一名死刑犯在执刑时挨了两枪还未死,第三枪才死,为什么?

62. 黑人为什么喜欢吃白色巧克力?

60. 忘记了锁门。
61. 他中的前两枪都不在要害。
62. 吃黑巧克力怕咬到自己的手。

63. 老师布置一篇课堂作文，题目是《假如我是一位经理》。这时，绝大部分学生马上埋头写作，只有一位学生靠在椅子上无动于衷。老师问他为什么不写，他给了老师一个哭笑不得的回答。你猜他的回答是什么？

64. 一个侍者给客人上啤酒，一只苍蝇掉进杯子里面，侍者、客人和经理都看见了，请问谁最倒霉？

65. 为什么熊冬眠时会睡那么久？

63. 我在等秘书的秘书。
64. 苍蝇。
65. 没有人敢叫它起床。

66. 小花熨衣服时电话响了,她一紧张,误把电熨斗当成电话烫伤右耳,可是为什么左耳也烫伤了呢?

67. 有人说吃鱼可避免患近视眼,你知道为什么吗?

68. 乌龟梦见自己中了100元大奖,醒来后梦想成真,它接下去该怎么办?

66. 电话又响了一次。 67. 谁见过鱼戴眼镜? 68. 再睡一次。

69. 有一个人丢了头毛驴却不去寻找,只是不停地喊:"谢天谢地,谢天谢地……"这是为什么呢?

70. 为什么珠宝的价格越涨,张先生反而越高兴?

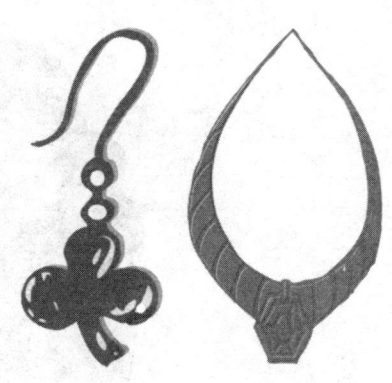

71. 如果有人向你问路,你最怕听到哪句话?

72. 大熊猫一生中最大的遗憾是什么?

69. 他想:"还好没骑在马上,不然连自己也丢了。"
70. 因为他是开珠宝店的。 71. 这是地球吗? 72. 没有彩色照片。

第一篇 幽默的趣味题

73. 病人说:"医生,你把剪刀忘在我肚子里了。"医生的反应是什么?

74. 考试时,小光全部都抄小明的,为什么小明得到100分,小光却没有分呢?

75. 一只小鸟飞进了迪厅,突然掉了下来,请问发生了什么事?

76. 进行减肥时,最先瘦下去的是哪一个部位?

73. 没关系,我还有。 74. 因为小光连名字都抄小明的。 75. 要晕头大使小鸟用翅膀捂住耳朵,所以就掉下来。 76. 钱包。

77. 沙沙声称自己是辨别母鸡年龄的专家,其绝招是用牙齿,为什么?

78. 上尉为何在训练新兵时让高大的站在前面,矮小的站在后面?

79. 酒鬼老巴看医生,医生警告他喝酒一次不可以超过4杯,为什么老巴还是不听,一次喝了8杯?

80. 美丽的公主结婚以后就不挂蚊帐了,为什么?

77. 亲口咬咬吃了几块鸡就知道母鸡的老嫩。 78. 上厕所人也知道是矮水龙头的。
79. 他是分了两次喝的。 80. 她嫁给了蚊帐王子。

81. 有一艘游轮在海上航行,不幸沉入大海,可令人吃惊的是找不到任何伤者,这是为什么?

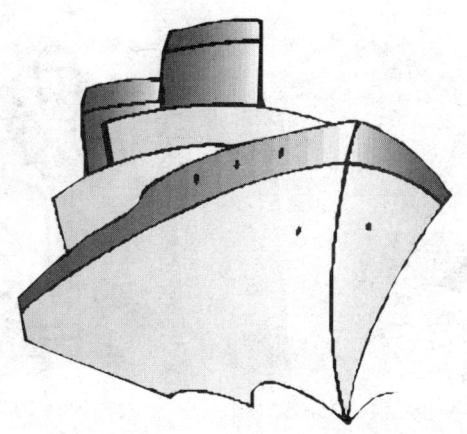

82. 谁在唱歌时,听众鼓掌只有一声?

83. 白雪公主和黑马王子结婚后,生下了一个小姑娘,你猜她叫什么名字?

81. 那是一艘沉船的游轮。 82. 独手。 83. 灰姑娘。

84. 猪的全身都是宝,除了能供给人们许许多多的营养外,猪对人类还有什么用处?

85. 一个可以大可以小的地方在哪里?

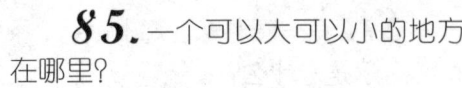

86. 毛病最多的书是什么书?

87. 萝卜喝醉了会变成什么?

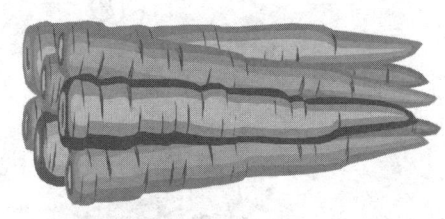

答案:
84. 用来骂人。
85. 厕所。
86. 医学书。
87. 红萝卜。

第一篇 幽默的趣味题

88. 当车子向右急转弯的时候,哪个轮胎受力最小?

89. "个个大!个个大!"母鸡为什么叫呢?原来它下蛋了。"你的广告做得很到位!"公鸡听了,一边夸奖母鸡,一边去参观自己的胜利成果。这一看不要紧,公鸡势汹汹地追赶母鸡,声称要修理它。为什么?

90. 换心手术失败,医生问快要断气的病人有什么遗言要交代,你猜他会说什么?

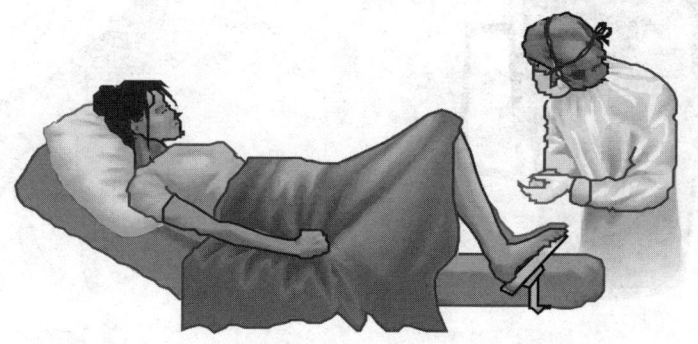

88. 备用胎。
89. 母鸡下了一个鸭蛋。
90. 其实你不懂我的心。

91. 有人说女人像一本书,那么胖女人像什么书?

92. 什么是倾国倾城貌?

93. 明明是放砂糖的罐子,却贴着一张写着"盐"的标签,这样作用何在?

94. 动物园中,长颈鹿的脖子最长,脖子第二长的是什么?

91. 合订本。
92. 地震以后。
93. 骗蚂蚁的。
94. 小长颈鹿。

第一篇 幽默的趣味题

95. 为什么太阳天天都比人起得早?

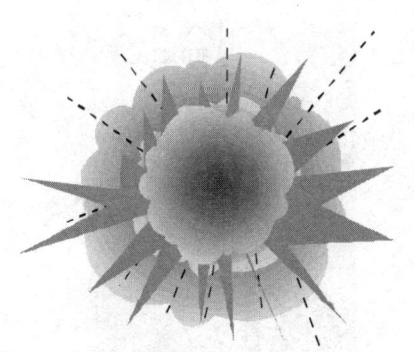

96. 世界上哪里的老虎最小?

97. 医治晕车的最好办法是什么?

98. 吃苹果时,咬下一口后,发现有一条虫,觉得好恶心;发现有两条虫,也觉得好恶心;但看到几条虫,才让人觉得最恶心?

---

95. 人在太阳的睡得晚。
96. 纸上的。
97. 走路。
98. 半条,说明另外半条在你肚子里。

99. 铁放到外面会生锈,那金子呢?

100. 什么时候有人敲门,你绝对不会说"请进"?

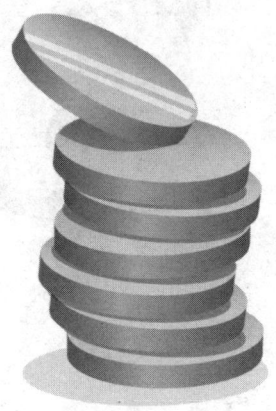

101. 哈巴狗去掉尾巴像什么动物?

102. 什么东西像大象一样大,但是毫无重量?

99. 多谢捧场。
100. 在厕所的时候。
101. 哈巴狗。
102. 大象的影子。

第二篇

逻辑思维题

塞车的原因很简单，
那就是车连车、车挤车、
车撞车、车推车……
你能想象出当你玩脑筋急转弯玩得大脑
急塞车是一种什么状况吗？
肯定像被几万只蚂蚁咬住一样，
疼痛不断，又很着急。
想知道用什么办法解决吗？
真笨！用点逻辑思维吧！

103. 什么帽不能戴？

104. 什么酒不能喝？

105. 什么报只印一份？

106. 龙生的儿子和狗生的儿子有几点不同？

103. 螺丝帽。 104. 碘酒。 105. 电报。
106. 一点不同。龙生的儿子叫龙子，狗生的儿子叫犬子。

107. 稀饭贵还是烧饼贵？

108. 谁见什么人说什么话？

109. 抓到什么贼，可以马上处以死刑？

110. 什么桶永远装不满？

107. 烧饼贵，物以稀为贵。 108. 翻译。 109. 乌贼。 110. 马桶。

111. 插在牛鼻子上的花叫什么花?

112. 池是用来装水的,可有一种池里却永远没有水,那是什么池?

113. 什么袋每个人都有,却没有人愿意借给别人?

114. 有一种人喜欢整天搬弄是非,请问这种人是什么职业?

111. 牵牛花。
112. 电池。
113. 脑袋。
114. 律师。

115. 一只鸡，一只鹅，同时放进冰箱里，一会儿，鸡冻死了，鹅却活着，为什么？

116. 爱斯基摩人用什么吃饭？

117. 什么样的强者千万别当？

115. 那是一只北极鹅。 116. 用嘴吃饭。 117. 强盗。

118. 一个人从飞机上跳下来,没有带降落伞,为什么没摔死呢?

119. 电影院内禁止吸烟,而当剧情达到高潮时,却有一男子开始抽烟,整个银幕笼罩着烟雾。但是,却没有任何一位观众站出来抗议,这是为什么?

120. 一天晚上,A君在家读一本有趣的书,他的妻子把电灯关了,尽管屋内漆黑一片,A君仍然手不释卷,读得津津有味,这是因为什么?

118. 飞机当时停在地上。 119. 抽烟的男子是电影中的人物。 120. A君是盲人,他读的是盲文书。

121. 某地发生了大地震,伤亡惨重,收音机里不断播报受灾情况以及寻人启事,一位老大爷一直在注意收听收音机的报道。有人问他:"收音机里播放过你孙子的消息吗?"他回答说:"没有。"接着他又说:"但我知道我孙子肯定平安无事。"请问他是怎么知道的?

122. 车祸发生后不久,第一批警察就赶到了现场。他们发现司机完好无损,翻倒的车子内外血迹斑斑,却没有见到死者和伤者,而这里是荒郊野外,并无人烟,这是怎么回事?

121. 他的孙子就是那个播音员。
122. 这是一辆献血车。

123. 有一位失眠者对医生说:"我晚上睡不着觉,怎么办?"医生对他说:"你从一数到一百,一直这样数下去,就能睡着。"可失眠者说:"这是绝对不行的。"为什么?

124. 没拿手杖的盲人阿德,走到一处未加盖的下水道洞口前,为什么没有失足掉进洞里,而是转身往回走呢?

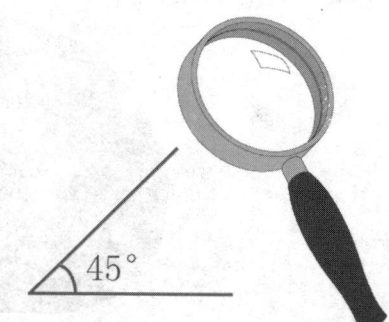

125. 最不听话的人是谁?

126. 在纸上画了一个45°的角,用放大镜去看,是多少度?

123. 失眠者喜欢失眠动脑,数到八一定睡不起来。
124. 他掉落的拐杖拾了,于是返回去拿。
125. 双耳失聪的人。
126. 还是 45°,因为角是不能放大的。

127. 青春痘长在哪里,你不用担心?

128. 有一样东西,你只能用左手拿它,右手却拿不到,这是什么东西?

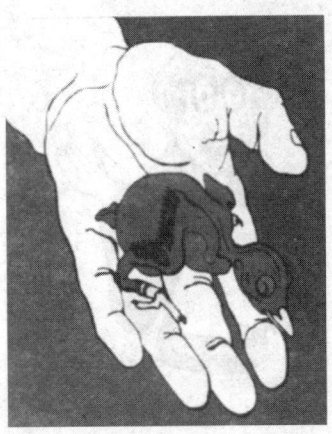

129. 一架飞机坐满了人,从万米高空落下坠毁,为什么一个伤者也没有?

130. 患者张开嘴巴之后,牙医吓了一跳,说:"哇!你的牙齿蛀了好大一个洞!哇!你的牙齿蛀了好大一个洞!"请问他为什么要说两遍呢?

127. 长在别人的脸上。 128. 右手。 129. 因为都摔死了。 130. 第二遍是回音。

131. 小张说的相声大家都喜欢听，为什么他有时说话还要付钱？

132. 小刘是个很普通的人，为什么竟然能一连十几个小时不眨眼？

133. 幼儿园放学了，但没有一个小朋友从大门出去，这是怎么回事呢？

134. 月亮什么时候不发光？

131. 他在打电话。
132. 因为他睡着了。
133. 因为大门没有关紧，大门被挤倒了。
134. 月亮本来就不发光。

135. 小王去商店买东西,发现柜台里空空的,但小王却买到了他要的东西。那么小王买到了什么?

136. 有辆载满货物的货车,一人在前面推,一人在后面拉,货车还可能向前进吗?

135. 柜台。

136. 可以,货车在上坡的时候。

137. 有个人不是官,却负责全单位职工、干部上上下下的工作。这个人是干什么的?

138. 电车以时速80公里的速度向北行驶。这时有时速20公里的东风吹来,请问电车的烟朝哪个方向吹?

139. 医生问病人:"感冒了?"病人摇头;"肚子疼?"病人摇头;"神经痛?"病人还是摇头。那么,究竟他是来看什么病的?

137. 电梯管理员。
138. 电车是没有烟的。
139. 他来是一直摇头不停的毛病。

140. 张三问李四5次同样的问题,李四回答了5个不同的答案,而且每个都是对的,那么张三问的是什么呢?

141. 亮亮是个颇有名气的跳水运动员,可是有一天,他站在跳台上,却不敢往下跳,这是为什么?

142. 用什么可以解开所有的谜?

答案

140. 问的是时间。
141. 下面没有水。
142. 谜底。

143. 奶奶没上过学,为什么会写外文?

144. 你能做,我能做,大家都能做,一个人能做,两个人不能一起做,那么这是做什么?

145. 王先生有两个当警员的朋友,其中一个是另外一个孩子的父亲,这可能吗?

146. 一个学生住在学校里,为什么上学还经常迟到?

143. 爷爷问我的名字。
144. 做梦。
145. 可能,这是一对夫妻来的。
146. 他所在的学校不是他上学的学校。

147. 一位警察带着一个小孩子过马路,路人问警察:"他是你的儿子吗?"警察说是。路人又问那个小孩子:"这位警察是你爸爸吗?"小孩子说不是。这是为什么?

148. 为什么警察对闯红灯的汽车司机视而不见?

149. 小明经过某市时,正巧那里发生了大地震,为什么小明却安然无恙呢?

答案
147. 警察是小孩的妈妈。
148. 汽车司机没开车,人行道上亮绿灯了。
149. 他当时飞机经过。

150. 做了什么事后，知错却不能改？

151. 老王每天都要刮很多遍脸，可脸上还是有胡子，为什么？

152. 阿美在事业上并没有什么成就，为什么人们都叫她女强人？

153. 有一种路虽然四通八达，但就是不能走人，为什么？

150. 来不及收拾手上的东西就跑掉了。
151. 他是替别人刮脸。
152. 因为她常常凶人的缘故。
153. 马路电路。

154. 哪种比赛，赢者得不到奖品，输的却有奖品？

155. 一个人被老虎穷追不舍，突然，前面有一条大河，他不会游泳，那他是怎么过去的？

156. 小李酒喝多了，不小心撞伤了脸，回家怕太太知道责怪，忙去洗手间对着镜子贴上创可贴，可第二天还是被太太骂了一顿，为什么？

154. 减肥比赛。 155. 昏过去的。 156. 他把创可贴贴在了镜子上。

157. 动物园里有两只狮子,它们趁管理员忘记把笼子上锁的机会逃了出来,人们一边避险,一边找管理员,而管理员却躲到一个很安全的地方,那个地方在哪里呢?

158. 一位游泳运动员横渡了英吉利海峡。当他登陆时,大家都为他喝彩,但有一个人却批评了他,批评者说了什么呢?

159. 法官对一个死囚说:"明天是你的末日,你最想要什么,有什么要求,可以提出来。"你猜死囚最想得到什么?

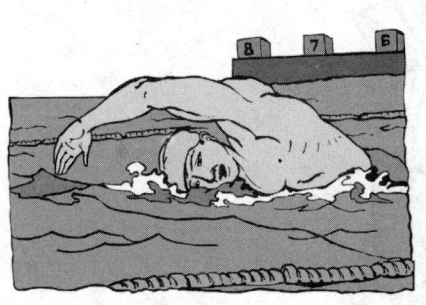

157. 他躲到狮子笼里去了。
158. 批评者说:"你怎么到这里来游泳啊?"
159. 一张特赦令。

160. 什么人生病从来不看医生？

161. 为什么吸血鬼绝不喝果汁或蔬菜汁？

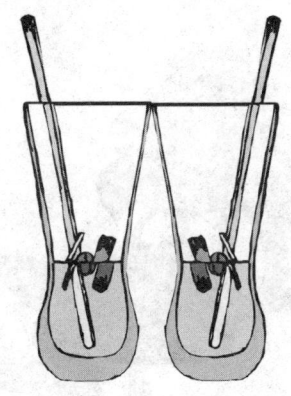

162. 一个招牌突然由高处掉落，砸向并排行走的5个人，为什么只有3个人受伤？

163. 为什么有的果树生长十几年也不结一个苹果？

160. 瞎子和聋子。　161. 害怕"汁"，因为那是个十字架。
162. 因为另外2个招牌都来不及（M）的。　163. 因为那些果树不是苹果树。

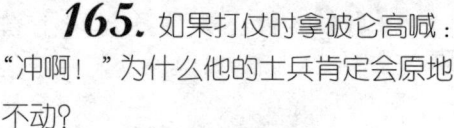

164. 老刘一个人睡觉,为什么醒来屁股上却出现了深深的牙印?

165. 如果打仗时拿破仑高喊:"冲啊!"为什么他的士兵肯定会原地不动?

166. 大勇向伙伴们吹嘘说:"昨天上操的时候,老师提了一个问题,全班除了我没有一个能答对的。"你猜老师问的是什么问题?

164. 他睡在自己的假牙上了。
165. 他的士兵听不懂中文。
166. 老师问:"大勇,你为什么又迟到了?"

167. 一个班的伞兵训练跳伞，班长说跳出后数到 30 秒才能拉开伞，结果其他人都平安落地，只有一个人不幸身亡，为什么？

168. 树上有 100 只鸟，用什么方法能把它们全部抓住？

169. 8 岁的小萱萱在百货公司和妈妈走散了，你猜她到服务台说了些什么话，竟使得大家哈哈大笑？

167. 那个人口吃。 168. 用相机。
169. 她说："我妈妈迷路了，我快帮她找回来。"

170. 一个逃犯进了一位化妆师家，逼着化妆师为他化妆，以便逃出这个城市。化妆很成功，连逃犯自己也不认识自己了，但逃犯一走上大街就被捉住了，为什么？

171. 你爸爸的妹妹的堂弟的表哥的爸爸与你叔叔的儿子的嫂子是什么关系？

172. 什么贵重的东西最容易不翼而飞？

170. 化妆师给他画了一个通缉犯的照片（逼他化妆的）。
171. 亲戚关系。
172. 人造卫星。

173. 什么东西可以举起沉重的木头，却举不起一粒沙子？

174. 包公的脸为什么是黑的？

175. 有一件事情让警察费尽心机都无法调查出结果，你猜他们在调查什么？

176. 借什么可以不还？

173. 大海。
174. 他额头上有个月亮，她的脸总在晚上。
175. 犯罪的成功率。
176. 借光。

177. 一辆出租车在公路上正常行驶,没有违反任何交通规则,却被一个交警拦住了,请问为什么?

178. 小胖在大扫除时吃红豆棒冰被老师看见了,老师生气地问:"太闲了,是不是?"结果小胖说了一句话,让老师差点儿当场晕倒。你猜小胖说了一句什么话?

177. 交警要搭乘打车回家。

178. 小胖说:"老师,红豆棒冰是甜的。"

179. 老兵甲偷用了新兵乙的牙刷，新兵乙有肝炎，为什么老兵甲却没有被传染？

180. 一位卡车司机撞倒了一个骑摩托车的人，结果是卡车司机受重伤，而骑摩托车的人却没事。这是为什么？

181. 什么人每天都"弄虚作假"？

182. 为什么说当作曲家不需要很高的智商？

179. 他喜欢干刷牙齿。
180. 卡车司机先逃跑了。
181. 演员。
182. 他们至少认识7个数字就可以了。

183. 文文在洗衣服，但洗了半天，她的衣服还是脏的，为什么？

184. 一间牢房中关了两名犯人，其中一个因偷窃要关一年，另一个是杀人犯，却只关两个星期，为什么？

185. 一只毛毛虫（24只脚）走上一堆牛粪，下地以后却发现只有22只脚印，为什么？

186. 什么东西越长越细越难过，越短越粗越好过？

答案

183. 她在洗别人的衣服。 184. 两者刑期长入的除以各不同。
185. 因为牛粪太臭，它用两只脚捂住鼻子了。 186. 独木桥。

187. 在一个家庭比赛中,小牛的爸爸不如小马的爸爸跑得快,名列第二。你猜为什么?

188. 阿黄的哥哥说他可以一只手放十万个风筝,他并没有吹牛,请问他是怎么办到的?

189. 有一个年轻人,他要过一条河去办事,但这条河上没有船也没有桥。于是他便在上午游泳过河,只一个小时的时间他便游到了对岸。当天下午,河水的宽度以及流速都没有变,更重要的是他的游泳速度也没有变,可是他竟用了两个半小时才游回来,你说这是为什么?

187. 因为只有米就跑赢比小牛。
188. 在风筝上写上"十万个"。
189. 因为小米的妈妈看着一小时。

190. 小李不小心一头撞在电线杆上,为什么后来连手也会痛?

191. 为什么张医生见死不救?

192. 记者问汽车大赛的冠军:"您每次比赛都是倒数第一,这次却一举夺魁,请问有什么诀窍?"冠军的回答让记者很失望,你猜他说了什么?

190. 小李报完头后用手去摸了一下。 191. 人都死了,救也没用了。 192. 我的刹车坏了!

193. 农夫养了10头牛,但只有19只角,你猜为什么?

194. 什么体育项目所取得的成绩越低越能夺取冠军?

195. 在没有钟的山村,有一个人养了几只鸡,可是一只也不报晓,为什么?

196. 什么官不仅不领工资,还要自掏腰包?

答案

193. 其中有一只是犀牛。 194. 跳水。 195. 都是母鸡。 196. 新郎官。

197. 为什么现代人越来越"言而无信"？

198. 什么东西要藏起来暗地里弄，弄完之后再暗地里交给别人？

199. 小猴子喜欢到树上去摘西瓜，假如每分钟摘3个，那么5分钟可以摘几个？

200. 阿里巴巴和四十大盗的故事是东方夜谭还是西方夜谭？

197. 因为打电话比写信方便。 198. 底片。
199. 一个也没有摘到，因为西瓜不长在树上！ 200. 天方夜谭。

201. 有一位刻字先生,他挂出来的价格表是这样写的:刻"隶书"四角,刻"仿宋体"六角,刻"你的名章"八角;刻"你爱人的名章"一元二角。那么,他刻字的单价是多少?

202. 有一种东西,成熟了就会有胡须,这是什么?

203. 什么书必须买两本?

201. 每个字的单价两角。
202. 玉米。
203. 结婚证书。

204. 今天小山早上丢了19元钱,又捡到8元钱,今天小山丢了多少钱?

205. 为什么罗丹的雕塑作品《沉思者》没有穿衣服?

206. 有四个中国人:小黄、小李、小王和小张,他们一起去瑞士旅游。小黄会说拉丁语和德语,小李会说德语和法语,小王会说法语和英语,小张会说西班牙语和英语。这天他们在饭店里看到一张用拉丁语写的旅游广告,小黄读后用德语告诉了小李,可怎样才能把广告内容告诉小王和小张呢?

答案

204. 19元。

205. 他正在揣摩再雕一件衣服让模特穿上。

206. 向下沿汉语推理,直接用中文旅行了。

207. 有一种水果,没吃之前是绿色的,吃下去是红色的,吐出时却是黑色的,请问这是什么水果?

208. 小张开车,不小心撞上电线杆而发生车祸,警察到达时车上有个死人,小张说这与他无关,警察也相信了,为什么?

209. 在一次组织严密的考试中,有两个学生交了一模一样的考卷。主考官发现后,并没有认为他们作弊,这是什么原因?

答案

207. 西瓜。
208. 小张开的是灵车。
209. 两张考卷都是白卷。

210. 怎样让自行车和火车跑得一样快?

211. 每当第一缕阳光射进窗户时,小方就起床了,但家里人还是叫他"懒虫",为什么?

212. 夏天,一个老太婆在院子里乘凉,有一只蚊子来吸她的血,她没用手也没用脚,就把那只蚊子弄死了,她是怎样灭蚊的?

210. 把自行车放在火车上。
211. 小方的卧室朝向西,他每天下午才起床。
212. 用屁股夹死的。

213. 一个警察有个弟弟,但弟弟却否认有个哥哥,为什么?

214. 一辆客车发生了事故,所有的人都受伤了,为啥小明却没事?

215. 一个人在漆黑的路上行走,没有带手电筒,也没有带火机,却看见50米远的地方有一个钱包,为什么?

213. 警察是个女的。
214. 他不在车上。
215. 那是在白天。

216. 小童说她能用两根火柴摆成一个正方形,你觉得可能吗?

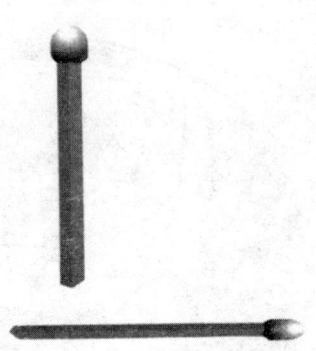

217. 有一个人,他是你父母生的,但他却不是你的兄弟姐妹,他是谁?

218. 有一个人,看电影时因为有事去晚了半个小时,没想到来到电影院时竟半个人影都没有见到(已知电影正常演出)。那究竟是什么原因呢?

答案

216. 能,把火柴架在书的拐角处并成直角就行。
217. 你自己。
218. 世界上没米半个人影,都是整个的。

219. 为什么阿珠吃葡萄不吐葡萄皮?

220. 小王是一名优秀士兵。一天,他在站岗值勤时,看到有敌人悄悄向他摸过来,为什么他却睁一只眼闭一只眼呢?

221. 在一间房子里,有油灯、暖炉及壁炉。现在,主人想要将三个器具点燃,可是只有一根火柴。请问该先点哪一样?

答案

219. 她吃的是葡萄干。
220. 他正在用枪瞄准。
221. 火柴。

222. 天上没有星星,也没有月亮,马路上的路灯也没有打开,为什么有一辆汽车没开灯却能快速安全地行驶着?

223. 如果两个人同时挖两个洞需要两天时间,那么,一个人挖半个洞需要多长时间?

224. 战场上,子弹最密集的地方在哪里?

225. 丁丁的爸爸是天文学家,可对有些星的知识却远不如丁丁了解得多,为什么?

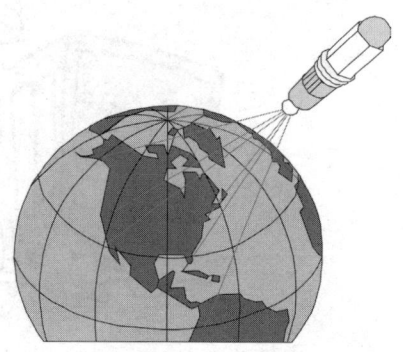

222. 因为是白天。
223. 你问的问题根本就不可能存在!
224. 在机枪或枪膛里。
225. 丁丁爱吃的"星"星。

第三篇

创意的谜题

创意是生活中不可缺少的元素。
当脑筋急转弯中加入创意的元素后，
你能想象出是一种怎样的局面吗？
如果你不够大胆、
不够有新意，
估计你思考上一天一夜也未必能想出来。
哈哈！试一试吧！

226. 什么海不产鱼?

227. 什么虎不吃人?

228. 哪种竹子不长在土里?

229. 太平洋的中间是什么?

226. 辞海。
227. 壁虎。
228. 爆竹。
229. 平。

230. 什么书在书店里买不到?

231. 什么花飘着开? 什么花走着开? 什么花空中开?

232. 两个人分 5 个苹果, 怎么分最公平?

233. 有一种线只能看, 却怎么也摸不着, 你猜是什么线?

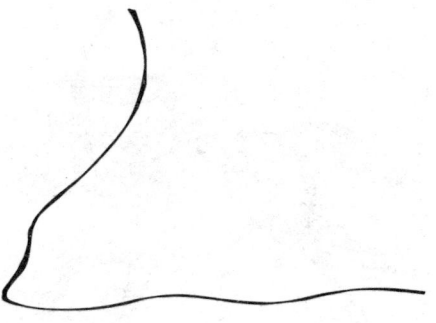

230. 秘书。
231. 雪花、浪花、礼花。
232. 榨成苹果汁。
233. 光线。

234. 有一种动物非常勤奋,它几乎天天熬夜。你猜这是什么动物?

235. 什么床不能睡?

236. 骑马的狩猎者是怎么走路的?

237. 一个正常的人在什么时候会变得目中无人?

答案:
234. 熊猫,它的黑眼圈都熬出来了。
235. 牙床。
236. 用马蹄。
237. 睡觉的时候。

238. 正常人不看的书是什么书?

239. 9月28日是孔子诞辰,那么10月28日是什么日子?

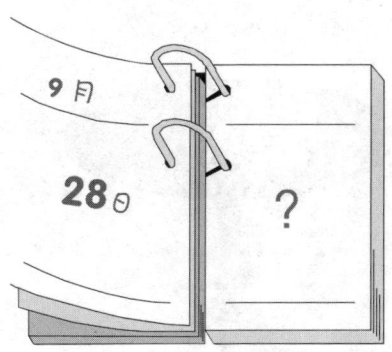

240. 儿子对爸爸说:"我可以坐在一个你永远也坐不到的地方!"那么,儿子应该坐在哪里?

238. 盲人书。
239. 孔子满月。
240. 爸爸的头上。

241. 桌上有一张纸,纸上写着一个命令,但是,看懂的人绝对不能宣读这个命令。请问,纸上写的命令是什么呢?

242. 路边的电线杆上蹲着一只猴子,为什么司机小宋看到它就立刻停下车来?

243. 一位老人上了公交车,当时车厢内客满,没有任何空座位。老人就站在王先生的旁边,可是年轻的王先生一点也没有要让座的意思,此时距老人要下车的站还有好长一段路程,你能想象出这是怎么回事吗?

241. 纸上写着:"不要念出声来。"
242. 他把猴子屁股误以为红灯了。
243. 王先生是盲摔跤台上的司机。

244. 在一个夜黑风高的晚上,有一位双眼失明的按摩师,独自走在路上。奇怪的是,他的眼睛看不见,却还提着一个灯笼。这是为什么?

245. 用椰子和西瓜打头,哪一个比较痛?

246. 全世界死亡率最高的地方在哪里?

244. 防止其他人走夜路撞到自己。 245. 头比较痛。
246. 在床上。

247. 要想使梦成为现实，人们要干的第一件事会是什么？

248. 刚买的袜子为什么会有一个洞？

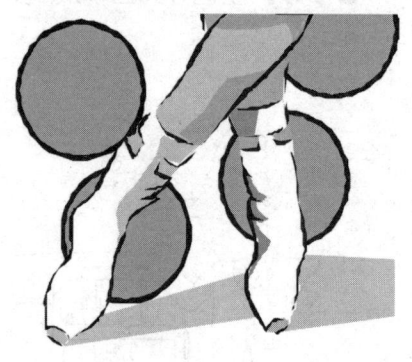

249. 在罗马数字中，"零"该怎么写？

247. 醒来。
248. 穿鞋口。
249. 罗马数字没有"零"。

250. 26个英文字母中哪两个字母很多人都喜欢听呢？

251. 大象的左耳朵像什么？

252. 什么叫做"缓兵之计"？

250. CD。
251. 像大象的右耳朵。
252. 放无关紧要的屁。

253. 一天,一个偷车贼在四处无人时看到一辆跑车,但他却没有偷。为什么?

254. 什么东西不破的时候人们犯愁,破了才高兴?

255. 叮当说她有一个高超的本领:走路时从来都脚不沾地。你觉得她说得对吗?为什么?

253. 因为那辆车是他自己的。
254. 案子。
255. 因为她穿鞋子。

256. 哭和笑有什么共同之处？

257. 怎样才能使不知道变成知道？

258. 悲剧和喜剧有什么联系？

259. 聪明博士说："我有一瓶万溶胶，不论什么东西，遇到它顷刻之间便会溶化。"你觉得可能吗？

256. 都用眼睛十鼻。
257. 把"不"抠掉。
258. 看了看悲剧看喜剧，没人看就成悲剧了。
259. 不可能，如果可能的话，发种光胶用什么容器装？

260. 一般人睡在平坦的床上,那驼背的人怎样睡觉?

261. 一个农场里没有鸡,为什么有蛋?

262. 一般来说,棒冰越舔越小,可童童说他能把棒冰越舔越大,这是为什么?

答案

260. 闭上双眼睡觉。
261. 因为农场里养的是鸭子。
262. 舔舔他的嘴唇。

263. 有一位艺人的面孔像刘德华,动作像成龙,走起路来像周润发,可就是没有制片商愿意录用,你猜为什么?

264. 凉茶即使烫热煮沸,也一样称为凉茶,不会改称热茶。请问有哪一种食物,即使冰冻了也不会说它凉?

263. 因为这个人是名的。
264. 饺子。

265. 一个袋子里装着两种豆子,有黄豆和绿豆,一个人把豆子倒在地上,他很快就把黄豆和绿豆分开了,请问他是怎么分的?

266. 一个人从50米高的大厦上跳楼自杀,重重地摔在了地上,为什么没被摔死?

267. 孔子是我国最伟大的什么家?

265. 用筷子,因为筷子一夹就能夹住黄豆了。
266. 他在半空中就已经被吓死了。　267. 老人家。

268. 放烟火时为什么不会射到星星?

269. 世界上除了火车外,什么车最长?

270. 一年只上一天班,又不怕被解雇的人是谁?

271. 天空突然下起了暴雨,在田里劳作的人们都纷纷避雨,却有一个人依然在原处不动。请问为什么?

268. 看看念"闪"。
269. 塞车。
270. 圣诞老人。
271. 因为也是稻草人。

272. 黑人和白人生下的婴儿，牙齿是什么颜色的？

273. 有一种东西，买的人知道，卖的人也知道，只有用的人不知道，那是什么东西？

274. 一头小猪卖200元，为什么两头小猪却可以卖几万元人民币？

275. 什么洞最深？

272. 婴儿没有牙。 273. 棺材。
274. 因为长了两个头的小猪就在吉尼。 275. 黑洞。

276. 什么人每天靠运气赚钱?

277. "水蛇"、"蟒蛇"、"眼镜蛇"哪一个比较长?

278. 你是用左手写字,还是用右手写字?

279. 人最怕屁股上有什么东西?

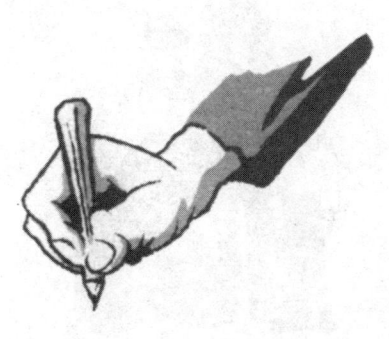

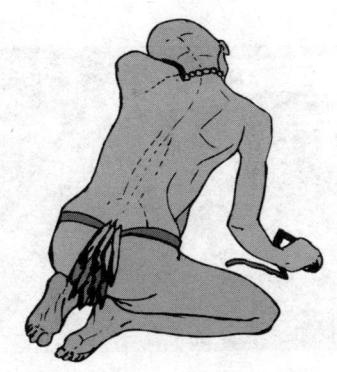

276. 运输煤气的工人。
277. 眼镜蛇比较长,其他都是两个字。
278. 都不是,是用笔写字。
279. 有痔,一屁股的痔。

280. 世界上最难的一道题是哪道题？

281. 为什么拔一颗牙齿需要10个医生？

282. 什么样的山和海可以移动？

283. 有一个人到国外去，为什么他周围都是中国人？

答案

280. 这道题。
281. 因为拔的是一头大象的牙。
282. 人山人海。
283. 是外国人到中国来。

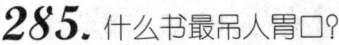

284. 今天做事最省力的办法是什么？

285. 什么书最吊人胃口？

286. 什么星球离我们最近？

287. 偷什么不犯法？

284. 推到明天。　285. 菜谱。
286. 地球。　287. 偷笑不犯法。

288. 什么掌不能拍?

289. 什么车寸步难行?

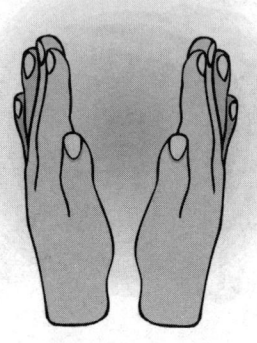

290. 什么东西天气越热,它爬得越高?

291. 什么东西比乌鸦更讨厌?

288. 仙人掌。
289. 风车。
290. 温度计。
291. 乌鸦嘴。

292. 冬天快来了,毛毛虫终于鼓起勇气对爸爸说了一句话,但爸爸听完当场就晕倒了。你猜毛毛虫说了一句什么话?

293. 什么筋伤了不能贴膏药?

294. 什么人敢在皇帝的头上胡作非为?

292. 毛毛虫说:"爸爸,我要买耐克。"
293. 脑筋。
294. 理发师。

295. 治疗口臭的最佳方案是什么？

296. 一个盒子有几个边？

297. 足球赛还没开始，为什么大家都知道比分？

295. 闭嘴。
296. 两个，里边和外边。
297. 大家都知道比赛的比分为 0：0。

298. 一个黑人罪犯在警察的追捕下，慌忙逃到一家白人俱乐部里，警察把那家俱乐部里里外外都找遍了，就是没有找到那个罪犯，为什么？

299. 蝎子和螃蟹玩猜拳，它们玩了两天两夜，还是分不出胜负。你猜为什么？

300. 张爷爷用捕鼠笼在家抓老鼠，第二天一早发现笼子里关着一只活老鼠，而笼子外面却有两只四脚朝天的死老鼠，为什么？

298. 罪犯把脸染白了。
299. 因为它们都只能出剪刀。
300. 笼子外的两只老鼠看到同伴被抓气得昏死过去了。

301. 在医院门口,有两个卖橘子的人,一个卖酸橘子,一个卖甜橘子,可为什么酸橘子先卖完?

302. 怎样才能把地球举起来?

303. 某动物园贴出新告示,告示上并没有说罚款,游客却不敢再向虎山扔东西了,你知道告示上写些什么吗?

答案

301. 因为买橘子的那病人有病。 302. 倒立。
303. 告示上写着:"凡向虎山扔东西的乘客,必须自己捡回。"

304. 一个酒鬼看到一本书上写着喝酒对身体有害处，于是他作出了一个决定，这个决定是什么呢？

305. 一个人想在一夜间变成百万富翁，他该怎么办？

306. 婷婷说 10+3 等于 1，为什么老师没有责骂她，反而说对了？

---

304. 从此不再看书了。
305. 做梦。
306. 因为她算的是时间，即上午 10 点加 3 小时，就是 13 点，也是下午 1 点。

307. 蟑螂请蜈蚣和壁虎到家中做客，发现没有油了，蜈蚣说它去买，却很久都没回来，究竟发生了什么事？

308. 象棋与围棋的区别是什么？

309. 东东因为把墨水泼在地毯上而挨了骂，可他觉得委屈，为什么？

307. 蜈蚣还在门口穿鞋子。
308. 象棋的棋子少，围棋的棋子多。
309. 因为他说错墨水不是他！

310. 某镇只有一家小理发店。一天,一位顾客走进这家理发店,只见椅子旁边站着两位理发师,一位头发凌乱,一位鬓发整齐,他该让哪位理发师理发呢?

311. 超人和蝙蝠侠的最大区别是什么?

312. 什么东西最容易满足?

答案

310. 头发凌乱的那个。因为头发整齐的理发师是被头发凌乱的人理的。
311. 蝙蝠侠把内裤穿在里面,超人把内裤穿在外面。
312. 袜子。

313. 什么情况下5大于0，0大于2，2大于5？

314. 为什么一群狼中有一只羊？

315. 在百货公司里，有个秃头的推销员正在促销生发水，为什么他自己不用生发水呢？

313. 玩石头、剪刀、布的时候。
314. "群"字中有一个"羊"字。
315. 他怕以后卖的生发水不好销售。

316. 什么飞机飞行时没有明确的着落地?

317. 今年圣诞夜,圣诞老人首先放进袜子的是什么东西?

318. 世界上是先有男人,还是先有女人?为什么?

319. 是黑鸡厉害,还是白鸡厉害?

316. 纸飞机。
317. 自己的脚。
318. 先有男人,因为男人叫"先生"。
319. 当然,黑鸡会下白蛋,白鸡不会下黑蛋。

320. 冬瓜、黄瓜、西瓜、倭瓜都能吃，什么瓜不能吃？

321. 既没有生孩子，也没有领养孩子就先当上了娘，请问：这是什么人？

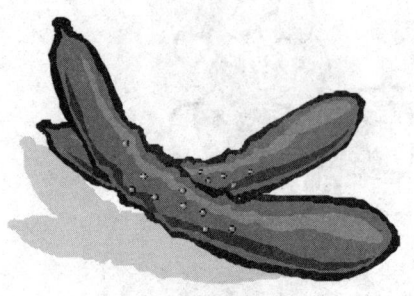

322. 蚂蚁在地上爬，玲玲一只脚从蚂蚁身上踩过去，蚂蚁却没有死，为什么？

320. 傻瓜。　321. 新娘。
322. 玲玲穿的是高跟鞋。

323. 什么海没有水？

324. 有一种船从来没下过水，为什么还称作船？

325. 红蜡烛和白蜡烛，哪种蜡烛烧得长？

326. 李同学抢了东西就跑，为什么大家还为他高兴？

323. 火海。
324. 宇宙飞船。
325. 蜡烛都越烧越短。
326. 李同学在参加接力赛。

327. 在河的一岸有一只蚕,在河的对岸有一片桑树,这条河水面宽一公里,却没有一座桥,请问它如何才能过到河对岸?

328. 一个人在沙滩上行走,为什么回头看不见自己的脚印?

329. 进动物园后,最先看到的是哪种动物?

327. 变成蚕蛾飞过去。 328. 因为他倒着走。
329. 人。

330. 警方处理一件智能谋杀案，现场没有留下任何线索，也没有目击者，但警方在一小时后宣布破案，为什么？

331. 从何处认定蘑菇是长在潮湿的地方？

332. 制造日期与有效日期是同一天的产品是什么？

330. 凶手自首了。
331. 因为蘑菇都长得很矮。
332. 报纸。

333. 某地,两个骑手举行荒唐的骑马比慢的比赛,当比赛信号发出后,两个骑手依然坐在各自的马上不动,生怕走在前面。面对僵持不下的局面,有个老翁出了个主意,使两匹马急驰而去,你知道老翁出的是什么主意吗?

334. 地球上有七大洲四大洋,一共有六十多亿人口,在这些人身上,哪一部分的颜色完全相同?

333. 他让骑手互换马匹进行比赛。
334. 血液。

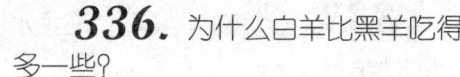

335. 什么动物你打死了它,却流了你的血?

336. 为什么白羊比黑羊吃得多一些?

337. 一只凶猛的猫,看见了一只老鼠后拔腿就跑了。你猜为什么?

335. 蚊子。
336. 世界上白羊比黑羊多。
337. 因为老鼠有枪,猫普无法长老鼠的。

338. 三个金叫"鑫",三个水叫"淼",三个人叫"众",那么三个鬼应该叫什么?

339. 什么话可以一语道破天机?

340. 用什么拖地最干净?

338. 叫"救命"。　339. 天气预报。　340. 用力。

第四篇

应变能力题

这一章是考验你的应变能力的题目,
猜出答案的时间仅相当于眼珠转的一刹那。
如果你想检验自己的应变能力有多快,
那就尽情地玩吧!
如果你觉得一个人玩不够刺激,
那就和你的朋友一起比赛,
比比谁的应变能力强!

341. 世上什么东西比天更高?

342. 为什么暑假一定比寒假长?

343. 什么字半个月才能写完?

344. 一位高僧与屠夫同时去世,为什么屠夫比高僧先升天?

341. 心比天高。
342. 热胀冷缩。
343. "昔"字。
344. 放下屠刀,立地成佛。

345. 世界上最大的路通往哪里？

346. 电和闪电最大的区别是什么？

347. 有一种布很长很宽也很好看，但是没有人用它来做衣服，也不可能做成衣服，这是什么布？

345. 通往天，有其言："天路朝天"。
346. 一个收费，一个不收费。 347. 瀑布。

348. 什么饼不能吃?

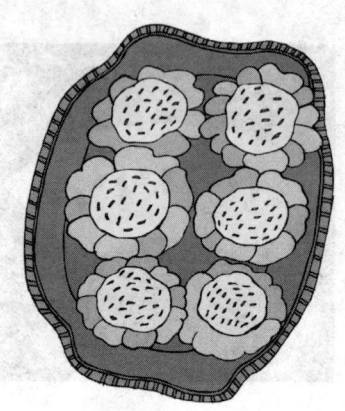

349. 什么人最喜欢别人叫他滚?

350. 进浴室洗澡时,先脱衣服还是先脱裤子?

348. 铁饼。
349. ць滚雪球的人。
350. 先关门较好。

351. 开什么车最省油?

352. 什么动物最能接近人类?

353. 理发师最不喜欢的人是谁?

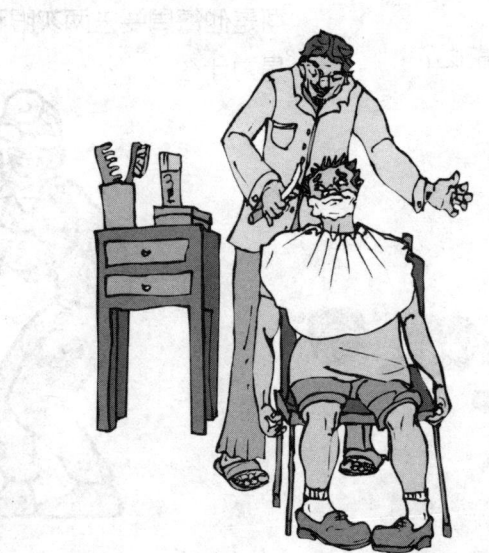

351. 开夜车。
352. 寄生于人身上的跳蚤或虱子。
353. 秃头。

354. 什么路最窄?

355. 拿鸡蛋碰石头为何不碎?

356. 什么鱼不能吃?

357. 老张骨瘦如柴,患有胃病,可是他每周要去两次眼科医院。请问这是为什么?

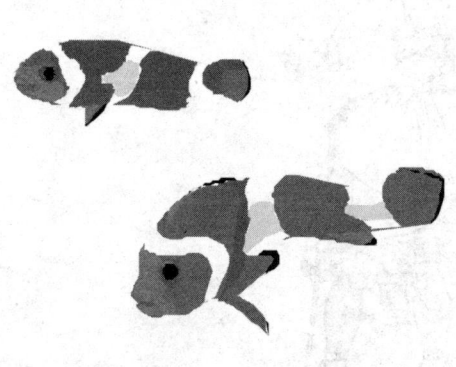

答案

354. 冤家路窄。
355. 看是鸡蛋碰石头,只有蛋碎石不破。
356. 木鱼。
357. 他是个眼科医生,他去眼科医院每周出诊两次。

358. 阿星悄悄对阿才说他裤子的拉链忘了拉好,为什么阿才却不以为然?

359. 把冰变成水最快的方法是什么?

360. 为什么青蛙可以跳得比树高?

358. 因为忘记拉拉链的是阿星。 359. 去掉"冰"的两点。 360. 因为树不会跳。

361. 有一个地方专门教坏人,但没有一个警察敢对它采取行动,这是什么地方?

362. 读完清华大学需要多少时间?

363. 什么东西越洗越脏?

361. 看守所。 362. 眼一扫就读完了。 363. 水。

364. 大家都不想得到的是什么？

365. 什么水永远用不完？

366. 火车由北京到上海需十二个小时，行驶三个小时后，火车在哪儿？

364. 情敌。
365. 泪水。
366. 在铁轨上。

367. 有一个人被从几千米的高空掉下来的东西砸在头上,却没有受伤,为什么?

368. 小明一只手就让车子停下来,为什么?

369. 有一种东西,上升的同时会下降,下降的同时会上升,这是什么?

367. 掉下来的是雪花。 368. 他在打出租车。 369. 跷跷板。

370. 大卫跑得最快，为什么他的长官还要批评他？

371. 什么东西你有，别人也有，虽然是身外之物，却不能交换？

372. 有一块天然的大理石，在9月7日这一天把它扔到钱塘江里，会有什么现象发生？

370. 他是在逃跑。
371. 姓名。
372. 沉到江底。

373. 小明知道试卷的答案,为什么还频频看同学的?

374. 小胖为什么只吃两个便当?

375. 爸爸从来不做饭,可他炒一样东西却很拿手,那是什么呢?

373. 小明是来师。
374. 因为他已经吃饱了。
375. 炒股票。

376. 什么时候四减一会等于五?

377. 什么话可以全世界通用?

4 1 5

378. 地上的积水因太阳照射蒸发而愈来愈少,可什么地方的水太阳照射愈强烈,水反而愈多?

376. 四个角的纸片去掉一个角。
377. 电话。
378. 盐池。

思维的盛宴
青少年最爱玩的 500个脑筋急转弯

379. 一天里，时钟的针有多少次完全重合？

380. 什么杯不能装水，但很多人都想得到它？

381. 什么鸡没有翅膀？

382. 有一个问题，不论你问到任何人，答案都是"没有"，请问那是什么问题？

答案

379. 一次也不能完全重合，因为它们长短不一。
380. 奖杯。 381. 田鸡。 382. 你睡着了吗？

383. 飞机在天上飞,突然没油了,什么东西先掉下来?

384. 哪项比赛是往后跑的?

385. 什么情况下一山可容二虎?

386. 怎样才能用网提到水?

383. 油量表指针。
384. 拔河。
385. 一只公虎和一只母虎。
386. 等水变成冰时。

387. 什么地方开口说话要付钱?

388. 小王一边刷牙,一边悠闲地吹着口哨,她是怎么做到的?

389. 把火熄灭的最快方法是什么?

390. 什么人一听到乐曲手就会不停地抖动?

387. 打电话的地方。
388. 她在刷假牙。
389. 火,马上加一横。
390. 指挥演奏的人。

391. 什么东西只能加，不能减？

392. 想从北京到巴黎，要多少钱？

393. 有个地方能进不能出，请问这是什么地方？

394. 什么门永远关不上？

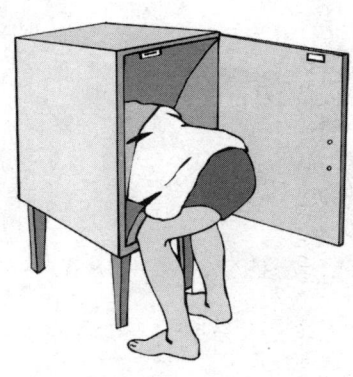

391. 年龄。
392. 不差钱，因为只差一点。
393. 坟墓。
394. 球球门。

395. 牙医靠什么吃饭?

396. 什么时候是摘苹果的最好时机?

397. 你妈妈小时候有没有打过你?

398. 什么问题知道的人却回答"不知道"?

答案

395. 嘴巴。
396. 苹果熟了的时候。
397. 没有,你妈妈小时候怎么可能打得到你!
398. "不知道"这三个字怎么念?

399. 袋鼠与猴子比赛跳高，为什么猴子还没开始跳，袋鼠就输了？

400. 阿勇做事总是拖泥带水，但领导总是表彰他，为什么？

401. 一个人有一个，全国13亿人只有12个，这东西是什么？

399. 袋鼠双脚起跳，违反了比赛规则。
400. 阿勇是泥瓦匠。
401. 12生肖。

402. 冬天，李大爷怕冷，到了屋里也不肯脱帽。可是他见到一个人后，很快就脱下帽子，那人是谁？

403. 你的阿姨有个姐姐，但你不叫她阿姨，她是谁？

402. 理发师。
403. 妈妈。

404. 一个聋哑人到五金商店买钉子,他把左手的食指和中指分开做成夹着钉子的样子,然后伸出右手做锤子状。服务员给他拿出锤子,他摇了摇头,给他拿来钉子,他满意地买了。接着来了一个盲人,请问,他怎样才能买到剪子?

405. 满满一杯饮料,怎样才能先喝到杯底的饮料?

406. 冬冬的爸爸牙齿非常好,可是他经常去口腔医院,为什么?

404. 盲人会说话,用嘴告诉服务员。
405. 用吸管直接喝到杯底。
406. 因为他爸爸是牙科医生。

407. 小华明天考试，她已经把英语背得滚瓜烂熟，第二天考试还是不及格，为什么？

408. 小张被关在一间并没有上锁的房间里，可是他用尽力气也不能把门拉开，这是怎么回事？

409. 小明的老师讲的是什么"语"，同学们还要边听边猜？

410. 什么光会给人带来痛苦？

407. 因为第二天考的是数学。
408. 推开门就行了。
409. 谜语。
410. 耳光。

411. 每对夫妻在生活中都有一个绝对的共同点,那是什么?

412. 什么贼不偷东西,但最遭人痛恨?

413. 谁最喜欢添油加醋?

414. 哪一种死法是一般的死囚最欢迎的?

411. 同年同月同日结婚。
412. 卖国贼。
413. 厨师。
414. 老死。

415. 什么东西你只要叫它的名字就会把它破坏？

416. 迄今为止，你所见到的最大的影子是什么？

417. 上次汤姆过生日是7岁，下次他过生日是8岁，这是怎么回事？

418. 熊掌和鱼在什么情况下可以兼得？

415. 沉默。
416. 黑夜，那是地球的影子。
417. 他正在过8岁的生日。
418. 炒花鱼。

419. 什么人的工作整天忙得团团转?

420. 谁说话的声音传得最远?

421. 什么果不能吃?

422. 小明的爸爸有三个儿子,一个叫大毛,一个叫二毛,第三个叫什么?

419. 芭蕾舞演员。
420. 打电话的人。
421. 恶果。
422. 小明。

423. 《新华字典》有多少个字？

424. 谁都没见过的书是什么书？

425. 用什么可以解开所有谜？

426. 早晨醒来，每个人都会去做的第一件事是什么？

423. 四个字。
424. 天书。
425. 谜底。
426. 睁眼。

427. 怎样才能使人有心跳的感觉？

428. 小海看相声为什么从来不笑？

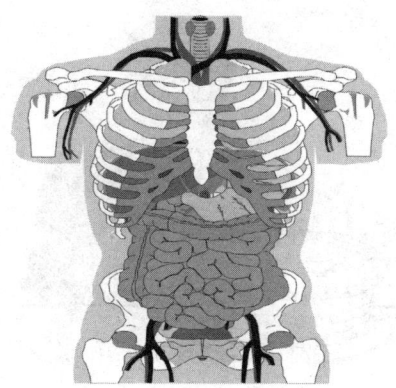

429. 老张二十多年一直卖假货，为什么大家却认为他是大好人？

430. 小王和老李都睁一只眼闭一只眼做事，为什么小王得到表扬，老李却受到处分？

427. 没脉。 428. 小海没有耳朵聋。 429. 他卖的是信乎和假发。
430. 因为小王是射击运动员，老李是仓库保管员。

431. 有句话说打狗要看主人，那打虎得看什么？

432. 为什么大多数人都不喜欢过32岁的生日？

433. 上课铃声响了，却没有一个同学在教室里，怎么回事？

434. 什么时候必须高抬贵手？

431. 看你有没有胆量。
432. 没人愿意坐上"三十而立"的板凳。
433. 上的是音乐课。
434. 别人用枪指着你脑袋的时候。

435. 什么书中的毛病最多？

436. 动物园的大象死了，为什么管理员哭得那么伤心？

437. 爸爸买了一支笔，却不能写字，为什么？

438. 寄什么邮件可以不用信封？

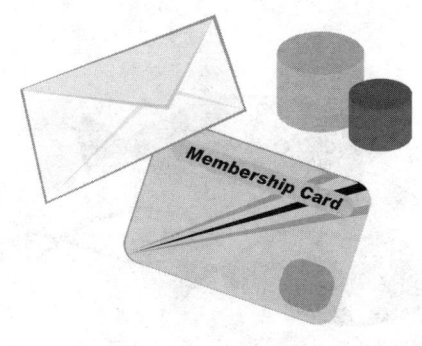

435. 医学书。
436. 伤心："什么时候才能找到对象呢？"
437. 那是只电笔。
438. 电子邮件。

439. 别人说阿丹的衣服没扣衣扣,她却不在乎,为什么?

440. 什么人可以一鸣惊人?

441. 鱼为什么只生活在水里,而不生活在陆地上?

442. 阿代喝下药后,才想起自己忘了把药摇匀。可医生说,不摇匀药效达不到最佳效果,他该如何补救呢?

答案

439. 她的衣服只有按钮而没有扣子。
440. 刚出生的婴儿。
441. 因为陆地上有猫。
442. 站起来翻翻跟头。

443. 蜗牛从上海到北京只用了一分钟,为什么?

444. 怎样才能用蓝色笔写出红字来?

445. 雨停了,有个人在大街上脱衣服,却没人管,为什么?

446. 在厕所遇见朋友时,最好不要问哪句话?

443. 在地图上爬。
444. 写个"红"字。
445. 他躲在浴室里。
446. 吃了没有。

447. 新版的纸币竟然印得不一样，为什么？

448. 两个长得一模一样的人，可他们却不是双胞胎，为什么？

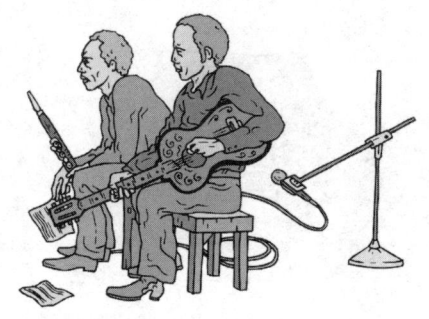

449. 鱼的老家不在水里，那会在哪里？

450. 发什么东西大家都不愿意接受？

447. 编号不一样。
448. 他们是三胞胎中的两个人。
449. 鱼店。
450. 发火。

451. 什么人是一举成名的?

452. 小风说他将在太阳和月亮在一起时去旅行,你说可能吗?

453. 自讨苦吃的地方在哪里?

454. 有一根木棒,要使它变短,但不许锯断、折断或削短,该怎么办?

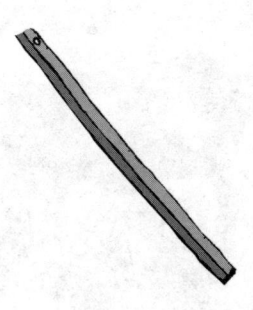

---

451. 举重运动员。
452. 可能,昏的天。
453. 药店。
454. 每一根长的如它比。

455. 什么酒价格最贵?

456. 在什么时候1+2不等于3?

457. 大灰狼拖走了羊妈妈，为什么小羊也一声不吭地跟着走了?

458. 为什么阿军开车遇见交叉道时从不停车?

455. 喜酒。
456. 算错了的时候。
457. 小羊是羊妈妈的孩子呀。
458. 阿军开的是火车。

459. 什么东西嘴里没有舌头?

460. 大象为什么会有那么长的鼻子?

461. 在热带雨林中,奔跑速度最快的动物是猎豹吗?

459. 茶壶嘴。
460. 它爱说谎。
461. 不是,热带雨林中没有猎豹。

462. 自古以来男人都称女人是"祸水",可为什么男人还是要娶女人呢?

463. 为什么自由女神像老站在纽约港?

464. 王子吻了睡美人之后,睡美人为何没有起来?

465. 什么东西越擦越黑?

462. 因为他傻。
463. 因为她走不了了。
464. 她在装死。
465. 黑板。

466. 为什么游泳比赛中青蛙输给了狗?

467. 一对健康的夫妇,为什么会生出没有眼睛的婴儿?

468. 把大象放到冰箱里要分几步?

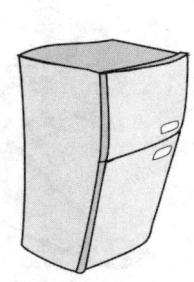

466. 青蛙用蛙泳犯规了。　　467. 鸡生蛋。

468. 三步,先打开冰箱门,然后把大象放进去,最后关上冰箱门。

469. 我们都知道把一只大象放进冰箱里分三步：①把冰箱门打开；②把大象放进去；③把冰箱门关上。那么，把长颈鹿放进冰箱里要分几步？

470. 什么时候太阳会从西边出来？

471. 什么人能享受免费旅游？

469. 四步：1.把冰箱门打开；2.把大象放出来；3.把长颈鹿放进去；4.把冰箱门关上。

470. 太阳打西边出来的时候。

471. 机长手里的孩儿。

472. 胖妞生病时,最怕别人探病时说什么?

473. 什么时候我们会甘心熄灭自己的生命之火?

474. 有一种药你不用上药店买就能吃到,那是什么药?

472. 多保重身体。 473. 轻生日要糕时。 474. 后悔药。

475. 什么亮在暗处看不见?

476. 什么人不敢做透视检查?

477. 市里新开张了一家医院,设备先进,服务周到。但令人奇怪的是:这里竟一位病人都不收,你猜为什么?

475. 阳光。
476. 做亏心事的人。
477. 这是一家兽医院。

478. 用什么办法可以看到人心?

479. 小红与妈妈都在一个班里上课,这是为什么?

480. 有一头头朝北的牛,它向右转三圈,然后向左转三圈,接着再往右转两圈,这时候它的尾巴朝向哪儿?

478. 时间,日久见人心。
479. 一个是学生,一个是老师。
480. 朝地。

481. 做什么事要从头来?

482. 王先生养了一只很漂亮的孔雀。有一天,王先生的孔雀在张先生的花园里生了一只蛋,请问这只蛋应属于谁?

483. 有种动物,大小上看是猫,长相上看是只虎,这是什么动物?

481. 理发。 482. 孔雀。
483. 小老虎。

484. 张大妈整天说个不停,可有一个月她说话最少,那是哪个月?

485. 有一个字,人人见了都会念错。这是什么字?

486. 在茫茫大海上漂泊了大半年的海员,一脚踏上大陆后,他接下来最想做什么事情?

484. 二月,因为只有28天。
485. "错"字。
486. 抬另一只脚也踏上陆地。

487. 小枫可以金鸡独立地站两小时以上，为什么双脚却无法在一张报纸上站一分钟？

488. 北极熊食肉，可它为什么不吃企鹅？

489. 有一位老大爷住12楼，可为什么他从不乘电梯？

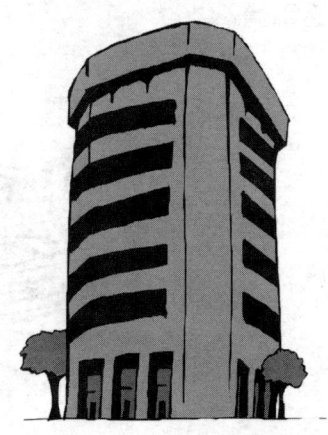

答案：
487. 因为报纸铺在墙上。
488. 吃不到呀，北极在南极。
489. 因为他住12楼第一层。

490. 有一天,一个植物专家,一个原子弹专家,一个动物专家同在一个热气球上。此时,热气球直线下降,必须扔掉一个科学家,该扔掉哪一个?

491. 什么地方看到的月亮最大?

492. 两对父子去买帽子,为什么只买了三顶?

答案

490. 扔掉最胖的一个。
491. 月球上。
492. 那是三代人。

493. 什么事你明明没有做，却要受罚？

494. 为什么爷爷送给小明一份生日礼物，小明却一脚把礼物踢开？

495. 为什么流氓坐车不用给钱？

496. 停电后为什么仍可以看电视？

答案

493. 家庭作业。
494. 爷爷送给小明的是足球。
495. 他坐的是一辆警车。
496. 因为他的视力还可以看到电视机。

497. 鸭蛋一打有多少个?

498. 金太太一向心直口快,可什么事竟让她突然变得吞吞吐吐了呢?

499. 老陈卖的明明是真药而不是假药,为什么会被判重刑?

500. 你怎样才能把你的左手全部放入你身上右边的裤袋内,而同时又把你的右手全部放入左边的裤袋内?

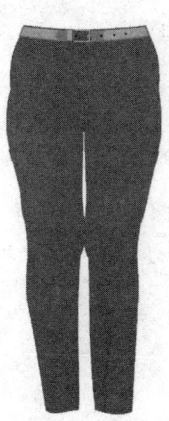

497. 一个也没有了(鸭蛋打破了)。
498. 金太太在吃甘蔗。
499. 他卖的药是老鼠的尿。
500. 把裤子掉个方向穿。